AF313516

LA BOUTIQUE MYSTÉRIEUSE,

OU

LES DEUX VOISINS,

PANTOMIME DIALOGUÉE EN TROIS PARTIES,

MÊLÉE DE CHANTS ET DE DANSES,

PAROLES DE M. M. DE R.,

MUSIQUE DE M. VAUDERLAND,

BALLETS DE M. GODET,

DÉCORS DE M. LAURENT,

MISE EN SCÈNE PAR M. AUGUSTE,

Représentée pour la première fois, à Paris, sur le Théâtre Forain du Luxembourg, le mercredi 22 Octobre 1828.

Prix : 40 cent.

PARIS,

CHEZ CHASSAIGNON, IMPRIMEUR-LIBRAIRE,

RUE GÎT-LE-CŒUR, N° 7.

1828.

| PERSONNAGES. | ACTEURS. |

THIERRY , Perruquier...................... M. CLAIRVILLE aîné.
ARNAUD , Pâtissier........................ M. DAUVERGNE.
VINCENT , Enfant trouvé , garçon Pâtissier.. M. FRANCIS.
Mme GERVAIS , Bouquetière.............. Mlle. CLARA.
BABET , sa Nièce......................... Mlle. CÉLESTE.
EVERARD , } Escrocs, amis d'Arnaud... M. FÉLIX.
BERNETTY , } M. ADOLPHE.
M. MARTIN , Vieux menuisier............. M. OLIVIER.
Mme MARTIN , Blanchisseuse.............. Mme CLAIRVILLE.
M. DUPRÉ , Riche négociant , Neveu de
   M. Martin............................. M. AUGUSTE,
DARIOLE , } { M. FERDINAND.
TALMOUSE , } Garçons pâtissiers........ { M. JEAN.
COCO , } { M. CHARLES B.

TROIS ARCHERS..................... { M. JOSEPH.
{ M. ÉMILE.
{ M. HYPPOLITE.

OUVRIERS , FORTS DE LA HALLE..... { M. HENRI.
{ M. MAUGÉ.
{ M. VICTOR.
{ M. BOILEAU.

DAMES DE LA HALLE............... { Mlle ADÈLE.
{ Mlle VICTORINE.
{ Mme AUGUSTE.
{ Mlle ANNA.
{ Mme AUGUSTINE.

La Scène se passe à Paris.

IMPRIMERIE DE CHASSAIGNON,
RUE GÎT-LE-CŒUR, No 7.

LA BOUTIQUE

MYSTÉRIEUSE,

OU

LES DEUX VOISINS,

PANTOMIME DIALOGUÉE EN TROIS PARTIES,

MÊLÉE DE CHANTS ET DE DANSES.

PREMIÈRE PARTIE.

Le Théâtre représente une place publique. A gauche du spectateur, la boutique de Thierry ; à droite, celle d'Arnaud. Un four ouvrant en face du public. Dans le fond, l'échoppe de madame Gervais.

SCÈNE PREMIÈRE.

(Au lever du rideau, Madame Gervais et Babet font des bouquets. Vincent, Coco, Dariole et Talmouse, sont occupés au four et à la pâtisserie ; Arnaud les surveille.)

CHŒUR.

AIR : *Du Vaudeville de Madame Scarron.*

Travaillons, (*bis.*) faisons diligence,
C'est par le travail
Que le bien s'amasse en détail.
Le travail (*bis.*)
Conduit à l'aisance,
L'aisance au bonheur,
Le bonheur à la paix du cœur.

MAD. GERVAIS.

J'ai vu mes fleurs délaissées,
Mes boutons sans amateurs ;

On méprisait mes pensées,
En s' plaignant de leurs couleurs.
Aujourd'hui, c'est autre chose ;
J' vendrai, quel débit complet,
Tout, excepté la rose
Qui pare mon corset.

CHŒUR.

Travaillons, (bis.) etc.

VINCENT.

S'il contente une pratique,
Qui s'enrichit ? le marchand.
Moi, garçon, dans sa boutique,
Je pâtis en pâtissant.
Mes profits sont des taloches,
L' pour-boire m'est étranger ;
Et si j' fais des brioches,
On n' m'en voit point manger.

CHŒUR.

Travaillons, (bis) faisons diligence,
C'est par le travail
Que le bien s'amasse en détail.
Le travail   (bis.)
Conduit à l'aisance,
L'aisance au bonheur,
Le bonheur à la paix du cœur.

ARNAUD.

Allons, petits drôles, à la besogne et ne répliquons pas. Toi,
Dariole, à la pâte ; Talmouse, aux confitures ; Coco, à la crème ;
et toi, Vincent, au four.

VINCENT.

C'est dit, notre bourgeois, nous y voilà.

(*Madame Gervais cause avec Arnaud. Les garçons pâtissiers
s'approchent de Babet. Vincent lui baise la main.*)

Mad. GERVAIS, l'apercevant.

Que j' t'y prenne encore, et tu verras! C'est joli, vraiment,
de négliger son ouvrage pour en compter à Babet, à ma nièce.

VINCENT.

C'est bien naturel de trouver qu'elle est jolie, Madame Gervais.

ARNAUD.

Une mine comme la sienne ouvre joliment l'appétit.

VINCENT.

Elle est si avenante, si agaçante...

MAD. GERVAIS, à Babet.

Fi des engeoleurs, mon enfant ; il faut être prévenante et polie pour ceux qui nous achètent ; froide et fière pour ceux qui nous parlent d'amour.

AIR : *Eh ! ma mère, est-c' que j'sais ça.*

Si content de ton ouvrage,
On t'offre ici de l'argent ;
Si quelque garçon volage,
S' permet un geste outragant ;
Pour t'enrichir ou t' défendre,
Faut avoir sans t'étonner :
La main ouverte pour prendre,
Le poing fermé pour donner.

VINCENT.

Mais, moi, Madame Gervais, je ne suis pas de ceux qui se permettent, voyez-vous ; je me contente de soupirer.

ARNAUD.

En laissant roussir mes blancs-mangers, épaissir ma franchipane, durcir mes biscuits, et brûler mes macarons.

VINCENT, toujours occupé au four.

C'est plus fort que moi, M. Arnaud, et vous avez beau rire de ma personne, je vous répète que la jeunesse ne m'empêche pas d'avoir un cœur, que Mademoiselle Babet a des yeux, qui vous percent un homme à jour, que s'ils me regardent un instant, crac, serviteur à la pâte, et bonjour au sentiment, et qu'enfin je suis pincé notre bourgeois et d'une fameuse manière encore.

ARNAUD.

Imbécille !

VINCENT.

Imbécille ! eh bien, tant mieux ; si j'avais de l'esprit vous me mettriez à la porte, et je tiens à mon état comme à cet aimable enfant. Quitter l'un ou l'autre, jamais.

AIR : *Vaudeville de Partie et Revanche.*

C'est en fermant des tartelettes,
Que j'ouvris mon âme aux passions ;
Des devises de vos gimb'lettes,
J'ai fait mes déclarations.
A Babet, qui n' rendrait les armes,
Tout en elle invite à l'amour :
J'ai l' cœur enflammé pou set charmes,
Et l' dos brûlé des feux du four.

MAD. GERVAIS.

Il ne chauffe point pour toi ; ainsi , trève aux paroles.

ARNAUD.

Et redoublons d'activité... C'est aujourd'hui la noce du riche et vieux menuisier M. Martin, avec Madame Thomas, la plus grosse blanchisseuse de la Cité ; et indépendamment de l'honneur qu'on nous fait, en nous invitant à la fête, j'ai l'entreprise des comestibles.

MAD. GERVAIS.

Moi , celle des bouquets.

VINCENT.

Notre voisin , M. Thierry, celle de la coiffure ; et ce n'est pas lui qui aura le moins de peines.

MAD. GERVAIS.

Ce pauvre Thierry, cette noce va le relever un peu ; car ainsi que nous , M. Arnaud , il ne paraît pas s'enrichir.

ARNAUD.

On vit, et de quelle manière ? en mangeant son fonds.

VINCENT.

Plaignez-vous donc ? ce n'est pas si mauvais , le fonds d'un Pâtissier-Restaurateur.

MAD. GERVAIS.

Le quartier est maintenant si désert ! Vous vous souvenez que depuis trois années, nos meilleures pratiques, les plus fortes têtes, disparaissaient de leur domicile, et que rien jusqu'à ce jour n'a pu indiquer quels étaient leurs assassina... (*Arnaud fait un mouvement.*) Oui, leurs assassins, car cette disparution successive d'un grand nombre d'habitans notables, n'est point un effet du hasard. Il n'y a pas de famille qui n'ait à déplorer l'absence d'un fils, d'un époux, d'un père ; et remarquez que c'est toujours aux hommes, et jamais aux femmes et aux enfans, que s'adressaient les scélérats, dont sans doute la bande était bien organisée, puisque sa trace a toujours échappée à l'œil vigilant de l'autorité. La consternation et le deuil ont remplacé les plaisirs et les festins ; aussi les fleurs de la bouquetière se dessèchent, le peigne et la houpe du voisin restent inactifs, votre cuisine refroidit, et nos créanciers s'échauffent pour nous demander de l'argent. Heureusement la providence a mis un terme à ce fléau, qui chaque jour enlevait nos parens, nos amis , et le retour de la tranquillité du quartier, datte du moment où Thierry est venu s'y fixer. Vous étiez absent alors ; l'ancien coiffeur périt de mort subite, Thierry acheta son fonds, et les vertus de cet homme paisible ont conjuré les maux qui nous accablaient. Pour déjouer les complots du méchant, il suffit de la présence d'un citoyen vertueux, aussi regardons-nous Thierry comme notre sauveur , et si le ciel exançait nos voeux, la tristesse qui de jour en jour paraît le consumer davantage, n'existerait bientôt que dans son souvenir.

ARNAUD.

Pourquoi s'obstine-t'il à résider ici, s'il fait aussi mal ses affaires? je connais dix personnes qui s'arrangeraient de sa boutique, et s'il se déterminait... (à part.) la fortune me sourirait de nouveau, et mes pertes seraient réparées.

MAD. GERVAIS.

Le coeur seul est malade chez Thierry, et savez-vous ce qui lui est nécessaire? une ménagère sans prétention, active, laborieuse, riant quand on est gai, consolant lorsqu'on est triste, rendant à son époux sa maison agréable, en y fixant la bonne humeur, et lui disant à l'instant de s'asseoir à table, le repas est frugal, mais préparé par l'amitié, il excitera ton appétit.

ARNAUD.

Et vous voudriez être celle qui lui tiendrait ce langage?

MAD. GERVAIS.

Ma foi, voisin, s'il faut en convenir, je ne dis pas non.

ARNAUD, à part.

Ce mariage nuirait à mes projets; il ne s'accomplira pas.

MAD. GERVAIS.

Une bonne femme comme moi vaudrait bien mieux pour lui qu'une grande dame qui ne ferait que l'enrichir.

VINCENT, travaillant toujours.

Voilà ce que j'appelle raisonner; car les bonnes femmes et les grandes dames ne se ressemblent guères; et si j'avais à choisir, je ne serais pas long, je vous en avertis.

Air de Lantara.

De fleurs un' Dame orne sa tête,
Sur vot' front flotte un bavolet :
Sans plaisir sa noce s'apprête,
Vous épousez c'lui qui vous plaît :
Ell' chante un air, vous un joyeux couplet.
Des Dam' plus d'un voit broncher la sagesse,
Vous, pauvre gens, vous allez droit chemin ;
Un' Dame, souvent, a l'cœur dans la richesse,
Mais un' bonn' femme a le cœur sur la main.

MAD. GERVAIS.

Tu as raison, Vincent, et ta réflexion me fait oublier que tout-à-l'heure je te grondais. Espère mon garçon, espère ; sois toujours actif, vigilant, honnête, amasse quelques écus, que ton père vienne me trouver, et je te donne Babet.

VINCENT, à part.

Mon père! Ah! malheureux!

ARNAUD, à part.

Everard et Bernetty ne sauraient tarder ; attendons-les, et frappons les derniers coups.

MAD. GERVAIS.

Quant à nous, monsieur Arnaud, allons trouver la noce et sachons à quelle heure il faudra livrer nos marchandises. Complimentons M. Martin, qui a soupiré trente années avant d'obtenir l'objet de sa tendresse. Fleurissons la nouvelle épouse ; enfin, faisons marcher ensemble les plaisirs et l'intérêt.

ARNAUD.

Bien dit, ma voisine. (*aux garçons pâtissiers.*) Pas de paresse, au moins, ou quand je reviendrai... (*à part.*) La fortune est mon idole, en devenir maître ou périr.

MAD. GERVAIS.

Babet, suivez-nous.

(*Arnaud donne le bras à madame Gervais, et sort avec elle et Babet.*)

SCÈNE II.

VINCENT, DARIOLE, TALMOUSE, COCO.

VINCENT, à lui-même.

Que mon père aille la trouver, et Babet m'appartiendra !

(*Dariole et les autres garçons viennent tourmenter Vincent.*)

VINCENT.

Laissez-moi donc et retournez au travail ; en l'absence du maître, c'est au doyen qu'on doit obéir.

(*Les garçons se retirent.*)

Que mon père lui parle ! Mon père ! infortuné Vincent ! Sais-je de qui je tiens le jour ? fruit d'un hymen ou d'un amour malheureux, ignorant quels sont les auteurs de ma vie, un fer brûlant, représentant une pensée, appliqué sur mon cou à l'époque de ma naissance, indique seulement que mes parens éprouvaient le désir de me reconnaître et de me retrouver : mais, hélas ! dix-huit ans sont écoulés, et je ne les ai point vus encore ! Le nom de Vincent, qu'on suppose celui de ma famille, je le reçus dans ce refuge créé pour la misère, par cet homme pieux et bienfaisant dont la France s'enorgueillit.

AIR : *Vaudeville du Château perdu.*

A l'infortune il ouvre un asile,
Vincent de Paul, en Europe admiré ;

Fils du malheur , en ce séjour tranquille ,
J'obtins son nom, , par l'honneur consacré ;
Et je suis fier d'en être décoré.
En être digne est un prix que j'espère :
Veille sur moi , mon illustre patron !
Des orphelins tu te montras le père ,
Les orphelins doivent porter ton nom,

Epris des charmes et des vertus de Babet, à ma sortie de l'hospice où mon âge m'enlevait le droit de rester , je me suis placé chez monsieur Arnaud , homme dur et sévère , en affectant une simplicité qu'il exige dans ses serviteurs , et que mes camarades n'ont pas besoin de feindre ; par ce moyen, chaque jour je vois Babet, qui loge là , chez sa tante, je lui parle, et....

(Everard et Bernetty paraissent, Vincent les aperçoit.)

Ah! mon Dieu, voici encore ces hommes à la sinistre figure , que monsieur Arnaud reçoit secrètement chez lui , avec lesquels il s'enferme comme s'ils conspiraient dont la langue ne se délie jamais , tandis que leurs yeux cherchent à deviner nos pensées, et qu'on est tout surpris de trouver à ses côtés quand on y pense le moins.

(Everard et Bernetty se sont avancés. Vincent se retourne et les voit.)

VINCENT.

C'est ça , comme aujourd'hui ; à merveille , Messieurs , ne vous gênez pas. (*à part.*) Reprenons notre air simple. (*haut.*) Votre valet , si j'en étais capable. Vous voulez parler au maître ? il est sorti , mais vous pouvez l'attendre , et... tenez , tenez , il vous a sûrement deviné, car le voilà de retour.

(Arnaud entre. Pendant la scène précédente les garçons pâtissiers ont placé dans le four , plusieurs feuilles de gâteaux. Everard leur ordonne de rentrer au logis , aussitôt qu'il voit Arnaud.)

VINCENT.

Nous vous avons compris.

Air : *Je loge au quatrième étage*

Redoutant coups ou croquignoles
Si l'on manque à vous obéir,
Vos sign's pour nous sont des paroles
Qui nous font rester ou courir.
Et j'vous mettrai pour épitaphe
Quand vous aurez subi l'trépas :
Ci-git un fils du Télégraphe,
Car il n'parlait qu'avec ses bras.

ARNAUD.

Rentrz.

La Boutique mystérieuse.   2

VINCENT, à part.

J'en reviens toujours à mes idées , si ces messieurs sont honnêtes , leurs physionomies peuvent se flatter d'être furieusement
trompeuses.

(*Dariole , Talmouse et Coco sortent avec   incent.*)

SCÈNE III.

ARNAUD, EVERARD, BERNETTY.

ARNAUD.

Je vous attendais avec une vive impatience mes chers amis.
C'est aujourd'hui qu'il faut consommer sa ruine, ou le forcer à
faire cause commune avec nous. Associés autrefois avec celui qui
remplace Thierry, et qu'une mort inattendue a trop-tôt frappé
pour nos intérêts, notre fortune augmentait à mesure que les riches habitans du quartier disparaissaient pour toujours. Un voile
impénétrable couvrait nos expéditions nocturnes ; nos caves tra-
versant cette rue et se communiquant par une porte secréte, la
rivière baignant l'autre côté de ma demeure, la soif de l'or, sti-
mulant notre audace, la crainte du supplice commandant notre
silence, tout favorisait l'exécution de nos vastes desseins; mais la
mort de notre digne chef, son établissement vendu à Thierry,
homme faible et timide, incapable de concevoir une idée témé-
raire, ont arrêté le cours de nos prospérités. Nos dépenses de
toute espèce ont tari notre bourse, et maintenant nous devons de
nouveau chercher à la remplir. Heureusement Thierry est tombé
dans les piéges que je lui ai tendus. Mon adresse a détruit les obs-
tacles et vaincu les scrupules que nous aurait imposés sa probité;
ce soir, je veux qu'il n'ait de ressource que dans la fuite, s'il re-
fuse de nous imiter. Sa passion pour le jeu a dérangé ses affaires :
ma feinte amitié l'entraîne dans le précipice en paraissant le rete-
nir, et cette noce, où la table va nous réunir, sera le signal de sa
défaite et de notre triomphe. Everard, tu possédes encore ? (*Everard lui montre sa bourse.*) Dix louis? c'est peu de chose, et toi
Bernetti? autant ? cela suffit. Thierry les gagnera. (*Everard et
Bernetti témoignent leur surprise.*) Oui il les gagnera ; mais pour
les perdre avec ce qui lui reste. Maître absolu de ses idées , le di-
rigeant alors suivant les circonstances, dictant des lois à ses vo-
lontés , Thierry finira par suivre notre exemple, et nous saurons
lui imposer silence, si jamais les remords venaient à l'assiéger.
Du calme mes amis, de l'audace, de la pénétration, et nous
parviendrons encore à enchaîner le hasard. C'est déjà posséder la
fortune, que savoir qu'on peut l'obtenir.... Thierry s'approche ,

dérobez-vous à sa vue, et trouvez-vous à cette fête, où nos destins sont fixés.

(*Everard et Bernetty s'enveloppent dans leurs manteaux et s'é-loignent. Thierry, la tête baissée les mains croisées sur la poi-trine s'avance lentement. Arnaud l'examime.*)

SCÈNE IV.

ARNAUD THIERRY.

THIERRY.

Ne rien posséder et devoir, voilà ton sort, malheureux Thierry, et tu l'as bien mérité.

ARNAUD, à part.

Abordons le. (*haut.*) Eh bien, mon ami, toujours triste, rêveur ?

THIERRY.

L'avenir s'offre à moi sous un aspect effrayant, et ma douleur t'étonne ? Tu me donnes le titre d'ami, et c'est toi dont l'exemple et les funestes conseils ont entretenu dans mon cœur cette passion dévorante, source de tant de maux ! De pauvres artisans tel que nous, devraient-ils négliger leur état pour courir après le hasard ?... Jouer ! jouer ! misérables, quel est donc notre espoir ? nous enrichir de l'or de nos victimes ! et cet or, d'où vient-il ? n'est-ce pas l'aisance d'une famille que notre œil convoite, et que ma bourse veut engloutir ?... n'entends-je pas les cris de l'enfant qui demande du pain à son père, que ma main vient de dé-pouiller ? ne vois-je pas les larmes de l'épouse, les craintes de la mère, et le désespoir de la fille ?... Le vol, le suicide, le meurtre, l'assassinat, ne sont-ils plus présens à nos yeux, comme la der-nière ressource du joueur deshonoré ! Pères de famille, qui frappe à votre porte ? un homme dont les traits annoncent la terreur et la misère, dont les discours n'ont plus de suite, dont l'œil cave et le teint flétri attestent les veilles et les débauches ! il vous demande un asile, il implore le pain de la pitié, gardez-vous d'alléger son infortune et de le recevoir sous votre toît hospita-lier ; c'est un joueur qui vous sollicite, c'est un joueur qui cherche un abri. Fermez l'oreille à ses souffrances, repoussez ses prières... L'introduire dans votre demeure, ce serait y porter la mort.

ARNAUD.

Thierry, mon cher Thierry, montre moins de faiblesse... La fortune n'est pas toujours aveugle, et tu peux encore espère

THIERRY.

Espérer ! quand il ne me reste rien , quand les remords m'assiègent , quand mon état ne peut suffire à mes besoins , que mes ressources enfin, se composent de ces derniers cent écus, et que je dois trois fois autant.

ARNAUD, à part.

Cent écus, c'est bon à savoir. (*haut.*) Trois cent livres , mon ami, et la plainte est dans ta bouche ? trois cent livres ? mais c'est une fortune, et si tu voulais me croire ?

THIERRY.

Eh bien ?

ARNAUD.

Mon crédit épuisé, les pertes communes à tous deux, ont réduit à rien mes espèces ; cependant grâce à la noce de M. Martin, qui m'a fait une avance sur les fournitures du repas, je puis doubler tes cent écus, et c'est ici que je réclame toute ton attention : invité à la fête ainsi que toi, et la voisine, Madame Gervais, je sais que de riches étrangers , grands partisans du vin et du jeu doivent s'y trouver réunis ; une circonstance semblable ne se trouvera jamais. Leur cerveau troublé par la fumée du champagne, les tables couvertes d'or, qu'ils apercevront de toutes parts, les empêcheront de réfléchir ; toi, la tête libre, l'œil prompt à saisir la chance, tu parais, tu gagnes; tu joues si bien ! leurs bourses changent de maîtres, nos dettes sont soldées, et le bonheur luit encore pour nous.

THIERRY.

Qu'oses-tu me proposer ? livrer aux caprices du destin, ces tristes débris de ma fortune ?

ARNAUD.

En gagnant, tu t'acquitterais envers tes créanciers, qui, s'ils étaient présens, t'engageaient à suivre mes avis. D'abord, tes cent écus ne suffisent point pour les payer ?

THIERRY.

Non , certainement

ARNAUD.

J'ai donc raison, mais tu ne veux pas m'entendre.

THIERRY.

Et tu crois que ces étrangers sont riches ?

ARNAUD.

On me l'a dit.

THIERRY.

Qu'ils aiment le jeu ?

ARNAUD.

J'en suis sûr.

THIERRY.

Qu'ils sont moins forts que moi ?

ARNAUD.

C'est positif.

THIERRY.

Et qu'on pourrait ?...

ARNAUD.

Prends mes cent écus.

THIERRY.

Cependant...

ARNAUD.

Prends-les , Thierry, et nous partagerons.

THIERRY.

Nécessité cruelle, à quoi me réduis-tu ? jouer encore, quand le jeu me paraît un crime ! spéculer sur la ruine de mon semblable pour alimenter mes débauches ? risquer ce peu d'or, gage unique de mes créanciers, pour ne leur pas révéler mon dénûment absolu ? rougir à mes propres yeux, pour éviter de rougir aux yeux des autres ! devenir coupable enfin, dans la crainte d'être malheureux ! Et cet or, ma dernière, ma seule espérance, si je le perdais ?... mais non, non ; je ne perdrai pas. Le sort cessera de me poursuivre ? il finira par entendre les supplications d'un infortuné réduit au désespoir. Ces joueurs dont tu me parles, j'irai les trouver, je gagnerai leur argent.. mais cet argent c'est peut-être le mien, qui sorti de mes mains est parvenu dans les leurs ? les dépouiller à mon tour, ce ne sera que prendre ma revanche; mon gain n'aura rien d'illicite, je pourrai jouer sans perdre ma propre estime : Arnaud, je veux encore m'abandonner à tes conseils..... Confie-moi tes cent écus, mon ami, confie-les moi, ton espoir est passé dans mon âme; je brûle de me voir près de ces étrangers, le feu qui m'anime m'annonce une complète réussite, nous enchaînerons la fortune, Arnaud, elle deviendra notre esclave, et sa possession me sera doublement chère, puisque c'est à toi que je la devrai.

ARNAUD, à part.

Il est à moi.

THIERRY.

Oui, je gagnerai ; combinant toutes les chances, audacieux dans le gain , froid et modéré dans la perte; qui résisterait à nos efforts ?

ARNAUD.

C'est ainsi que j'aime à te voir. Adieu , Thierry , je me retire ; j'ai besoin de veiller sur les marchandises que je fournis.

THIERRY.

Je vais changer d'habits , et je pars pour la fête,

ARNAUD.

Nous nous y trouverons. Du sang froid, de la gaîté, un air d'aisance, et la fortune nous sourira. (*à part en sortant.*) Tu m'appartiens, Thierry, et demain ce que tu nommes un crime, cessera d'effrayer ton cœur.

SCÈNE V.

THIERRY, *seul.*

Dans une heure la noce doit se réunir, il me reste le temps de calculer mon jeu, de diviser mon argent... Et ce négociant dont je devais terminer la coiffure, n'irai-je point le trouver? la partie pourrait commencer sans moi, et je ne puis m'occuper de mon état lorsqu'il s'agit de ma fortune! renoncerai-je pour un modique salaire, à la richesse qui vient s'offrir à moi?... J'ai de l'or, et cet or ne se multiplierait pas? je dois, je puis m'acquitter, et j'hésiterais encore? Madame Gervais a fait connaître à mon cœur ulcéré, cet amour, qu'à la mort d'une première épouse, j'avais juré de fuir pour jamais; un peu d'aisance me permettrait de prétendre à sa main, et je ne jouerais point? tout me présage une chance favorable, et les scrupules m'arrêteraient?... de la fermeté, Thierry, de la prudence, prépare-toi à te mesurer avec les joueurs qu'on t'annonce, rétablis ton crédit, épouse celle qui t'a rendu sensible, et renonçant alors à la passion du jeu, sois digne par tes vertus, de l'excellente compagne, dont le sort au tien s'unira.

SCÈNE VI.

Mad. GERVAIS, THIERRY.

Mad. GERVAIS.

Eh ! bonjour , mon cher Thierry.

THIERRY.

Ciel ! madame Gervais !

Mad. GERVAIS.

J'étais impatiente de me trouver seule avec vous; Babet est à sa toilette, et je profite de ce moment pour m'expliquer avec franchise. Cette noce où nous sommes invités, cette joie des époux, la gaîté des parens, l'air d'allégresse répandu sur toutes les physionomies, m'ont rappelé qu'à mon âge, lorsqu'on veut assurer la tranquillité de ses vieux jours, c'est un soutien, un ami qu'il faut prendre ; un homme dont la probité , l'honneur et la délicatesse concilient tout à la fois l'estime des uns et l'affection des autres ; un homme à qui l'on soit glorieuse d'appartenir, dont on puisse porter le nom sans rougir , et dont le cœur et les actions soient dirigés vers un but unique , la félicité de sa femme et le bien-être de sa maison. Depuis long-temps votre conduite m'a fourni la preuve de l'intérêt que je vous inspire ; vous me faites éprouver ce que vous ressentez pour moi : nous sommes privés de fortune , mais le travail est un père nourricier qui jamais ne nous abandonne. Votre état, mon commerce, de l'économie, de l'ordre, et bientôt nous aurons liquidé nos dettes et donné à notre intérieur un air de bonheur et d'aisance. Voulez-vous ma main , Thierry? je vous l'offre en échange de votre amitié.

THIERRY.

Vous comblez tous mes vœux en me préseutant le bonheur et je ne l'accepterais pas ! mais la médiocrité ne sera pas votre partage ; j'ai des projets....

MAD. GERVAIS,

Quels sont-ils?

THIERRY.

Je ne puis m'expliquer encore, mais demain, soyez sûre....

MAD. GERVAIS.

Demain?

THIERRY.

Je n'aurai plus de secrets pour vous ; mes infortunes, mon premier hymenée....

MAD. GERVAIS.

Vous avez été marié ! et vous voudriez remettre à demain ? Thierry, je vous en conjure.

SCÈNE VII.

Les Précédens, VINCENT.

VINCENT , s'approchant du four.

Examinons l'état de nos biscuits.

THIERRY.

Vous l'exigez ?

MAD. GERVAIS.

Sans doute.

VINCENT , à part.

Tiens, M. Thierry et la voisine.... C'est singulier , je ne vois jamais cet homme là sans éprouver une émotion....

THIERRY.

Alors même que l'histoire de ma vie me priverait d'une partie
de votre estime, il suffit que vous le désiriez, pour que Thierry
s'empresse d'obéir. Non-seulement je fus marié, et cette nouvelle
vous a surpris? mais encore, et qu'allez-vous penser de moi; je
suis père, et jamais, depuis sa naissance, mes yeux n'ont revu
mon enfant.

VINCENT, à part.

Ah! mon dieu.

MAD. GERVAIS.

Vous êtes père, et vous avez délaissé votre fils? Ah! Thierry,
je ne vous reconnais plus.

THIERRY.

La misère.....

MAD. GERVAIS.

La misère ne doit jamais endurcir le cœur.

VINCENT, à part.

C'est mal d'écouter, mais l'intérêt que son récit m'inspire......

THIERRY.

Privé de bonne heure de mes parens, qui n'avaient pu me
donner qu'une éducation imparfaite, l'amour avait présidé à
mon mariage avec Cécile; c'est vous dire que nous étions pauvres
tous deux. Venus à Paris dans l'espérance d'y vivre des fruits de nos
travaux, nous ne tardâmes pas à nous apercevoir que sans argent
et sans protecteurs, nos projets de bonheur ne pourraient jamais se
réaliser. Je dévorais mes peines; je dérobais à ma compagne chérie
toute l'horreur de notre position, cependant nos faibles ressources
s'épuisaient chaque jour, Cécile allait me rendre père, je man-
quais d'ouvrage; un matin, il y a dix-huit ans, et cet instant
fatal ne s'effacera jamais de mon souvenir.

VINCENT, à part.

Dix-huit ans? C'est mon âge.

THIERRY.

Le désir de rapporter quelque argent avait nécessité de ma
part une absence plus longue que de coutume : harrassé de fati-
gue, j'arrive enfin; l'air consterné que je vois sur toutes les figures
me fait prévoir un malheureux événement, mais j'étais loin
de soupçonner l'affreuse vérité : j'ouvre la porte de notre cham-
bre, grand dieu! quel spectacle vient frapper mes regards! Cécile
étendue sans vie, et près d'elle un fils qui n'avait reçu le jour
qu'en le faisant perdre à sa mère? je pressai sur mon cœur cette
innocente créature, ses cris indiquaient ses besoins, et moi, mal-

heureux père, rien, rien à lui donner. L'excès de ma tendresse et de mon désespoir détermina de ma part une résolution cruelle, mais nécessaire.

VINCENT, à part.

Écoutons bien.

THIERRY.

Je ne pouvais donner à mon fils que des larmes stériles; me séparer de lui, assurait son existence; je ne balançai pas, un hospice avoisinait ma demeure.

MAD. GERVAIS.

O ciel!

THIERRY.

Egaré par la douleur, et dans l'espérance que je pourrais un jour le reconnaître et lui donner du pain, je pris un cachet que je tenais de Cécile, et qui représentait une pensée...

VINCENT, à part.

Une pensée! qu'ai-je entendu.

THIERRY.

A la faveur d'un feu pétillant, je le fis rougir.

VINCENT, à part.

Je n'ai pas une goutte de sang.

THIERRY.

Et l'appliquant sur le cou de mon enfant.....

VINCENT, faisant un cri.

Ah! grand dieu, (*à part*) c'est mon père.

MAD. GERVAIS, entendant le cri.

Maladroit! il se sera brûlé.

VINCENT.

Non, Madame, ce n'est rien; (*à part*) c'est mon père, mon père! attendons un instant favorable pour nous découvrir à lui.

Il continue à sortir du four plusieurs feuilles de pâtisseries.

MAD. GERVAIS.

Thierry, je devine la fin de votre récit, et vous épargne le soin de me le faire entendre. Il est cruel d'avoir à se rappeler de si douloureux souvenirs, mais vos malheurs n'altèrent point mes sentimens pour vous. Votre fils, Thierry, sera sans doute un honnête homme : dans l'asile de l'infortune, on forme le cœur aux vertus. Nous le chercherons, cet enfant dont les caresses vous sont encore inconnues; nous le trouverons, et sa tendresse réunie à la mienne, ramèneront dans votre esprit le calme et la sérénité.

VINCENT , à part.

L'excellente femme !

MAD. GERVAIS.

On ne tardera pas à se rendre à la fête, allez vous préparer,
mon ami.

THIERRY.

Votre ami ! ah ! puissé-je aujourd'hui (*à part.*) maîtriser la
fortune , et (*haut.*) me rendre digne de vous.

(*Il sort.*)

SCÈNE VIII.

MAD. GERVAIS, VINCENT, *ensuite* ARNAUD, BABET,
ARIOLE, TALMOUSE *et* COCO.

Final du premier acte des deux Journées.

VINCENT.

O ciel! quel moment pour mon cœur !

ARNAUD, appelant du dehors.

Vincent ?

VINCENT, à lui-même.

Thierry serait mon père!

MAD. GERVAIS , à Vincent.

Va donc.

VINCENT, de même.

Pour moi, quel jour prospère!

ARNAUD, appelant.

Vincent ?

VINCENT.

C'est un homme d'honneur ;
Qu'il m'est doux de l'avoir pour père.

ARNAUD.

Mais tu vas me mettre en courroux.

MAD. GERVAIS.

Sors, où d'Arnaud crains le courroux.

VINCENT.

Ah! pour mon cœur quel bien plus doux !

ARNAUD, entrant en scène.

Vincent, redoute ma colère.

MAD. GERVAIS , à Vincent.

A ton maître pourquoi déplaire ?

VINCENT, montrant les gâteaux qu'il a tirés du four.

Ici, ne le voyez-vous pas ,
J'ai préparé pour le repas
Gâteaux, biscuits. (*à part.*) J'embrasserai mon père.

MAD. GERVAIS.

Quoi ! tout est prêt pour ce brillant repas ?

VINCENT.

Mais, oui.

MAD. GERVAIS , appelant.

Babet, viens , suis mes pas.

VINCENT.

Oui, tout est prêt pour le repas ,
Et nous allons suivre vos pas.

ARNAUD , appelant.

Si tout est prêt pour le repas ,
Holà ! garçons, suivez nos pas.

MAD. GERVAIS , appelant.

Si tout est prêt pour le repas ,
Allons , Babet, viens , suis mes pas.

ENSEMBLE

(*Babet sort de chez Madame Gervais , Dariole , Coco et Talmouse sortent de chez Arnaud , et prennent les pâtisseries dont a parlé Vincent,*)

MAD. GERVAIS , à part.

D'un époux avoir la tendresse ,
Voilà les vœux que je fais :
Non , je n'éprouvai jamais ,
Au fond de l'âme autant d'ivresse.

VINCENT , à part.

De mon père avoir la tendresse ,
Voilà les vœux que je fais ;
Non , je n'éprouvai jamais ,
Au fond de l'âme autant d'ivresse.

ARNAUD , à part.

Posséder un jour la richesse ,
Voilà les vœux que je fais ;
Non, jamais, non , la tendresse ,
N'eut pour mon cœur autant d'attraits ,
Que j'ai d'amour pour la richesse.

ENSEMBLE.

FIN DE LA PREMIÈRE PARTIE.

DEUXIÈME PARTIE.

Le Théâtre représente l'intérieur du jardin de la maison de M. Martin. Un bâtiment entièrement décoré de fleurs occupe tout le fond de la scène. Une grille sépare le jardin de la rue, sur la droite de l'acteur.

SCÈNE PREMIÈRE.

Mad. GERVAIS, BABET, M. MARTIN, ARNAUD, Mad. MARTIN, M. DUPRÉ, VINCENT, BERNETTY, TAL-MOUSE, DARIOLE, COCO, Mariniers, blanchisseuses. Tous portent de gros bouquets.

(Au lever du rideau, tout le monde entoure M. et Mad. Martin, Arnaud et Bernetty sont sur le devant de la scène.)

ARNAUD, bas à Bernetty.

Thierry se trouve déjà aux prises avec Everard, qui selon nos instructions doit perdre les vingt louis qui vous restaient. (*Il lui donne une bourse.*) Voici pour la revanche, qui n'aura lieu que devant moi. Cours les rejoindre, Bernetty ; jusqu'à votre retour j'occuperai l'attention des personnes invitées.

(Bernetty se retire, Arnaud se rapproche des mariés.)

Mad. GERVAIS, à part.

Thierry devrait être ici.

ARNAUD.

Allons Vincent, en attendant l'heure de se mettre à table, paie à M. Martin ainsi qu'à sa digne épouse, l'honneur qu'ils ont daigné nous faire, en nous chantant quelques-uns de ces couplets dont ta mémoire est si bien fournie.

VINCENT.

Volontiers. Mademoiselle Babet, avec la permission de votre tante, nous danserons le refrain.

MAD. GERVAIS.

Avec plaisir.

VINCENT.

M'y voici.

AIR : *De la Ronde de la Neige.*

Mariez-vous , amans
En cheveux blancs,
L'âge
Rend sage ,
Et point volage ;
Mariez-vous, la rose des amours ,
Sous la neige fleurit toujours.

S'unit-on dans la jeunesse,
La femme a des galans ,
Le mari des enfans.
Les marmots pleurent sans cesse ,
Et l'amant aux yeux doux ,
Met l'époux
En courroux.
Pour éviter les pleurs ,
Les douceurs ,
Les fureurs,
Les propos d'un galant
Et les cris (*bis.*) d'un enfant :

Mariez-vous, amans , etc.

(*On danse.*)

DEUXIÈME COUPLET.

Prends le chemin
Du temple de l'hymen ,
Barbon , que la tendresse
Presse ,
Si la jeunesse
A le don de charmer ,
La vieillesse
Sait mieux aimer.
Au printemps , aimant la danse ,
La femme pour régal ,
Donne au mari le bal :
Sur un pas , lorsqu'il balance ,
Et qu'il veut le danser ,
Zeste , on le fait walser !...

Les vieillards en ce cas,
N'ont pas
Cet embarras,
N' battant plus d'entrechats,
Craignent-ils (*bis.*) un faux pas.

Mariez-vous, amans
En cheveux blancs,
L'âge
Rend sage,
Et point volage.
Mariez-vous, la rose des amours,
Sous la neige fleurit toujours.

(*On danse.*)

MAD. GERVAIS.

Fort bien, Vincent; ton air troublé de ce matin n'existe plus, et je gagerais que les yeux de Babet sont pour beaucoup dans cette guérison. Au surplus, je te le répète, de la probité, quelqu'argent, la demande de ton père, et tout pourra s'arranger.

VINCENT.

Monsieur Thierry n'arrive pas.

MAD. GERVAIS.

Il viendra ce digne homme.

ARNAUD, à qui Everard et Bernetty sont venus parler bas.

Thierry a gagné? Bon! sa tête s'échauffera.

(*Dariole annonce que le repas est servi*).

MAD. GERVAIS.

Le dîner est servi; excellente nouvelle, n'est-ce pas Mad. Martin? Bientôt peut-être aussi changerai-je de nom, je vous conterai cela.

ARNAUD, bas à Everard, en montrant Dupré.

Place-toi près de cet étranger; il se nomme Dupré, neveu de M. Martin, fort riche, très-crédule, on pourrait s'y prendre de telle manière...... tu me comprends, Everard.

VINCENT, voyant Everard et Bernetty.

Encore eux! Mais qui peut donc les attirer ici?

(*Toute la noce entre chez M. Martin, à l'exception de madame Gervais et de Vincent.*)

SCÈNE II.

MAD. GERVAIS, VINCENT.

MAD. GERVAIS.

N'entrons pas sans avoir vu Thierry. Ces quinze louis qu'on vient de me donner pour le prix des fleurs vendues à la noce, je ne puis les confier en des mains plus sûres que les siennes, et d'ailleurs, au point où nous en sommes.....

VINCENT, à lui-même.

C'est singulier, mais la présence de ces deux hommes m'effraie. Un pressentiment malheureux vient m'agiter malgré moi, et s'il s'agissait de mon père....?

MAD. GERVAIS.

Oui, je serai heureuse, très-heureuse avec lui; il est si honnête, si rangé...

VINCENT.

Mais chassons ces tristes idées, et ne songeons qu'au bonheur de retrouver ma famille, et à l'espérance d'obtenir un jour la main de ma petite Babet.

MAD. GERVAIS.

Veuve depuis cinq années, j'avais besoin de reprendre un soutien. Rien ne vaut un mari pour donner à une femme de la consistance et de la considération...

VINCENT, s'approchant.

Le tableau d'une noce, ça réjouit le cœur, et ça donne des envies, n'est-ce pas, madame Gervais?

MAD. GERVAIS.

A qui le dis-tu?

AIR : *Quand j'avais l'âge de mon fils.*

VINCENT.

Comme l'hymen nous rend heureux.

MAD. GERVAIS.

Ah! qu'un veuvage est ennuyeux.

VINCENT.

C'est toujours propos agréable.

MAD. GERVAIS.

On n'a personne à qui parler.

VINCENT.

On a quelqu'un à qui parler.

MAD. GERVAIS.

Avec l'amour, rien ne peut accabler.

VINCENT.

Le mariage est un banquet aimable,
Où l'on s'ennivre.

MAD. GERVAIS.

Mais hélas !

VINCENT.

Quoi donc ?

MAD. GERVAIS.

La veuve à ce repas,
Voit manger et ne mange pas.

VINCENT,

Ah ! voilà monsieur Thierry.

MAD. GERVAIS.

Venez donc mon ami.

SCÈNE III.

THIERRY , Mad. GERVAIS , VINCENT.

THIERRY.

Je l'avais bien prévu, ma chère madame Gervais, la fortune
depuis ce matin a cessé de se montrer cruelle, et si quelques
jours heureux comme celui-ci luisent encore pour moi, je pourrai solder mes dettes, et prétendre à votre main.

VINCENT, à part.

Que j'aurai de plaisir à le nommer mon père !

MAD. GERVAIS.

Riche ou pauvre, m'aimerez-vous mieux, ou vous chérirai-je
davantage? Nos cœurs s'entendent, et pour moi, c'est le point
essentiel ; Thierry, l'estime réciproque, la paix intérieure, un
travail soutenu, une conscience pure, une affection mutuelle,
voilà ce que jamais ne vaudra la richesse, et ce qui dans notre
ménage, fixera la félicité, que votre âme est digne de goûter.

THIERRY.

Respectable amie !

MAD. GERVAIS.

Vous avez votre trésor, moi aussi j'ai le mien : ces quinze louis,
prix de mes bouquets et de mes guirlandes, prenez-les, c'est le
denier de la veuve que l'amitié dépose entre vos mains.

THIERRY.

Moi, que je prenne ?...

MAD. GERVAIS.

Vos créanciers seront plutôt satisfaits, et nos cœurs s'unissant, nos bourses doivent se confondre.

THIERRY, à part.

Et ces joueurs qui demandent une revanche.

VINCENT, à part.

Comme il paraît agité !

MAD. GERVAIS.

Vous hésitez ? j'exige. (*elle lui donne une bourse.*)

AIR : *De la ronde du Maçon.*

De cet or, fruit de mon ouvrage,
Que je vous offre avec bonheur ;
Si vous refusiez le partage,
Ce serait outrager mon cœur.
Adoucissant votre détresse,
En tendresse
L'époux rendra
Ce qu'en fortune il recevra.
Dans la disgrâce,
Tout fuit, tout passe,
Mais une femme est toujours là.

Je vais retrouver la mariée, ne vous faites pas attendre Thierry, j'éprouve le besoin d'être avec vous. Vos inquiétudes sur le sort de votre fils troublent votre tranquillité, je le vois, et partage toutes vos craintes ; mais rassurez-vous mon ami, il n'échappera point à nos recherches, sa bonne conduite vous rendra fier, moi-même déjà je me fais une véritable fête. Oui, nous le trouverons ce malheureux enfant, dont la naissance vous a coûté tant de larmes. Rien ne résiste à la tendresse d'un père, à la voix du devoir, ni au zèle de l'amitié.

(Elle rentre.)

SCÈNE IV.

VINCENT, THIERRY.

VINCENT, à part

Si j'osais me faire connaître.

THIERRY.

Cet or, qu'elle m'a remis, il me brûle... Je vais jouer de nouveau, et si le sort cessant de me favoriser, la tête égarée, hors de moi, j'allais risquer et perdre le fruit de son travail.... Ah ! cette pensée me glace de terreur, puisse la bonté céleste en me découvrant l'abîme où peut-être je vais m'engloutir, me donner aujourd'hui le moyen de l'éviter.

VINCENT, à part.

A quel point il semble malheureux !

THIERRY.

Refuser de jouer avec cet étranger à qui appartenaient les vingt louis que j'ai gagnés, impossible ? est-ce donc en vain que je veux reconquérir ma propre estime, et la fatalité opposera-t-elle donc éternellement une barrière à mes désirs ? Jeunes gens, que mon exemple vous serve de leçon, ne fuyez plus le chemin de la vertu, il en coûte bien cher lorsqu'on veut y rentrer !

VINCENT, à part,

Entamons la conversation. (*haut.*) Monsieur Thierry ?

THIERRY,

Qui m'appelle ? ah ? c'est toi, Vincent. (*à part.*) quel trait de lumière, profitons-en. (*haut.*) Mon ami, il me faut une preuve de ta probité, puis-je compter sur toi ?

VINCENT.

Commandez, je suis prêt.

THIERRY, lui remettant la bourse de madame Gervais.

Cours à ma demeure, déposes-y cette bourse ; il va de mon repos, de mon honneur, de ma vie, qu'elle ne soit plus entre mes mains.

VINCENT.

Bon !

THIERRY.

Ne trahis pas ma confiance, Vincent, je connais ton amour pour Babet, et je pourrais t'obliger à mon tour.

VINCENT.

Quand il s'agit de servir quelqu'un, a-t-on besoin de récompense ? Et je vous trahirais, vous M. Thierry, vous que mon cœur estime autant qu'il le chérit, ah ! jamais. Vos intentions, je les remplirai avec exactitude et fidélité, c'est mon désir, mon devoir, et ma jeunesse ne doit pas vous effrayer.

Air : *Vous souvient-il ?*

On est mineur quand on est au collége,
Soumis aux lois d'un sévère régent;
On est mineur quand on est pris au piége,
On est mineur si l'on a pas d'argent.
On est mineur en devenant coupable,
On est mineur par sa crédulité ;
Mais lorsqu'il veut obliger son semblable,
On est toujours dans la majorité.

(*Vincent prend la main de Thierry, et sort en courant.*)

SCÈNE V.

THIERRY , seul , ensuite ARNAUD.

THIERRY.

Me voilà plus tranquille..... Conserver cet or en dépôt , était au-dessus de mes forces , et le jeune homme qui s'en est chargé..... avec quelle émotion il me serrait la main ; comme sa voix était touchante lorsqu'il promettait de me servir ! Puisse mon fils lui ressembler ! Mon fils ! Le verrai-je jamais ? Infortuné Thierry, tu pourrais être heureux , et tu ne sais pas l'être ! Et ton existence est enchaînée aux chances douteuses du hasard ! que le jeu te favorisa le reste de la journée, ce soir tous tes vœux sont remplis ; que le sort te poursuive , et demain , demain , tout sera fini pour toi.

ARNAUD, à part, en entrant.

Le voilà. (*Haut.*) Eh bien, Thierry , mes pressentimens ne m'avaient point trompé, le sort ne nous fait plus la guerre, nous avons gagné.

THIERRY.

Vingt louis : c'est dix pour chacun , les voici.

ARNAUD.

Garde-les , mon ami , ils vont se doubler dans tes heureuses mains. Mais un surcroît de bonheur nous arrive : M. Dupré, ce riche parent de notre Amphytrion Martin, comme nous invité à la fête, a reçu , ce matin même , un remboursement de cent mille livres , il les a sur lui , dans un portefeuille ; quelle riche proie, si l'on pouvait s'en emparer ! (*Thierry fait un mouvement.*) c'est-à-dire les gagner par des moyens honnêtes. (*A part.*) Ce diable d'homme a un instinct de probité..... (*Haut.*) Placé, au dîner, près de celui que tu as dépouillé, il a manifesté le désir de se mesurer au jeu contre lui ; ils vont tous deux venir, et voici mon projet : M. Dupré s'unit d'abord à toi, vous gagnez ; bientôt les étrangers sont complètement mis à sec ; forcé par la circonstance, tu deviens alors l'adversaire de ce riche Dupré, son portefeuille quitte sa poche pour la nôtre, et tous deux abandonnant notre état à ces petits génies qui végètent dans un comptoir, nous finissons par vivre en honnêtes gens. (*A part.*) Si la chose est possible.

THIERRY.

Mon absence du repas a-t-elle été remarquée ?

ARNAUD.

Je t'ai excusé, j'ai prétexté qu'une affaire..... Madame Gervais m'a regardé, elle avait l'air de douter..... Heureux Thierry, elle t'aime, cette aimable veuve, la fortune et l'amour, rien ne t'est cruel aujourd'hui..... Mais à propos, j'oubliais de t'apprendre la revanche qu'on exige; c'est aux dés qu'on m'a chargé de te la demander, et dans trois coups décisifs, tout à l'heure, ici, sans témoins.

THIERRY.

Quoi ! tu veux que trois coups décident ?

ARNAUD.

Il faut tout hazarder pour sortir promptement du mauvais pas où nous sommes.

THIERRY.

Et si nous les perdions ces derniers coups ! Arnaud, connaissant mon caractère, ne frémis-tu pas des extrémités où le désespoir pourrait me porter ?

ARNAUD.

Les réflexions sont maintenant inutiles; j'ai promis en ton nom, et l'on vient réclamer l'exécution de mes engagemens.

THIERRY.

Espoir, viens soutenir mon cœur.

SCÈNE VI.

THIERRY, ARNAUD, M. DUPRÉ, EVERARD, BERNETTY.

ARNAUD.

Mon ami consent à votre proposition, Messieurs, et joue du plus haut point à qui sur trois coups en gagnera deux.

THIERRY, à part.

Mon sang est glacé dans mes veines, et mes genoux tremblans.....

ARNAUD, bas à Thierry.

Du sang-froid où nous sommes perdus. (*haut.*) Monsieur Dupré veut donc être des nôtres? A merveille. Plaçons-nous ici.

(*Il montre une table à gauche.*)

THIERRY, à lui-même.

Mon sort va s'accomplir.

ARNAUD, regardant l'argent que les joueurs mettent sur la table.

Ces Messieurs jouent quatre-vingts louis? Diable, la somme est forte. Monsieur Dupré met pour nous quinze louis, c'est encore soixante-cinq que nous avons à tenir.

THIERRY , *bas à Arnaud.*

Et nous n'en possédons que quarante-cinq.

ARNAUD, *à part.*

Laisse-moi faire. (*haut.*) Quarante-cinq comptant, et vingt sur parole ; vous consentez , Messieurs?

THIERRY , *bas à Arnaud.*

Mais, imprudent...

ARNAUD, *bas à Thierry.*

De l'audace, et tout ira bien.

THIERRY.

Ma raison se trouble , et mon œil égaré...

ARNAUD, *bas à Thierry.*

Vas donc, on te prendrait pour un enfant. (*haut.*) Voici les dés.

(*Il donne à Thierry un cornet et des dés.*)

THIERRY , *à part.*

O Ciel !...

ARNAUD,

Courage.

THIERRY , *remuant les dés.*

Je frissonne. (*Il jette les dés.*) Treize.

ARNAUD, *à M. Dupré.*

Point superbe! (*à Everard,*) A vous, Monsieur.

(*Everard jette les dés.*)

THIERRY.

Onze. J'ai gagné.

ARNAUD.

Je te le disais bien , il ne faut plus qu'un coup.

(*Thierry remue les dés et les jette.*)

THIERRY.

Treize encore.

ARNAUD.

Quel bonheur ! (*Bas à Everard , en lui passant d'autres dés.*) Prends les dés que voilà.

(*Everard joue.*)

THIERRY.

Quatorze !

ARNAUD.

Nous avons perdu. Ce troisième coup va décider.

THIERRY, à part.

Puissent les dés m'être favorables ! (*Il joue.*) Seize ! je respire ; mes vœux ont été entendus.

(*Everard joue.*)

ARNAUD.

Dix-huit !

THIERRY.

Dix-huit ! où fuir ? où me cacher ?

(*Everard et Bernetty prennent l'argent.*)

ARNAUD, à M. Dupré.

C'est jouer de malheur !

THIERRY.

Jour détestable et maudit !... J'ai perdu ! des conseils perfides... (*Il se fouille.*) Et rien ? rien, il ne me reste rien, que la honte, la misère et l'humiliation.

(*Il tombe anéanti.*)

SCÈNE VII.

Les Précédens, VINCENT.

VINCENT.

Monsieur Thierry, me voici de retour sans avoir rempli votre commission. Vous me priez de porter cette bourse chez vous, en oubliant de me remettre la clef de votre porte ; tenez, le voilà cet argent.

ARNAUD, à part.

D'où lui vient donc cette ressource ? il faut la lui enlever. (*Haut.*) Donne cet argent, Vincent ; mon ami a besoin de repos, et tu peux être utile au banquet.

VINCENT.

Mais...

ARNAUD, prenant la bourse.

Obéis et ne réplique pas.

VINCENT, regardant Thierry.

Il est dans un accablement... et ces hommes que je vois avec lui... aurait-il quelque chose à craindre ?.. Courons prévenir la bonne madame Gervais.

(*Il sort.*)

SCÈNE VIII.

Les Précédens, excepté VINCENT.

ARNAUD.

Maintenant, mon ami, puisque te voici de nouveau en argent comptant, il faut, et sur-le-champ, acquitter notre dette.

THIERRY.

Que veux-tu dire ?

ARNAUD.

Nous devons vingt louis : dix pour moi, les voici; (*il se fouille et remet dix louis à Bernetty.*) dix pour toi, les voilà. (*il prend dix louis dans la bourse remise par Vincent.*) Tiens, ceci reste encore (*il lui donne la bourse*).

THIERRY, arrêtant Everard à qui Arnaud remet dix louis.

Arrêtez, Monsieur, arrêtez, vous n'avez pas le droit. Cet argent ne m'appartient pas; remis par la confiance et l'amitié, je dois le rendre intact à son propriétaire; et vous oseriez... malgré mes observations?.. Monsieur, Monsieur, par pitié, par grâce, laissez-moi cet or ; c'est le travail d'une infortunée, le salaire de l'artisan et la seule richesse d'une amie que vos mains prétendent m'arracher ! Etes-vous époux, Messieurs? êtes-vous pères? Ah ? si votre cœur a palpité jamais près de votre compagne et de votre enfant, si tous les sentimens généreux ne sont pas éteints dans votre âme, vous entendrez ma voix suppliante, mes larmes n'auront pas inutilement coulé ! Ce n'est point une faveur, c'est une justice que j'implore. Prenez tout ce que je possède, mais ne me déshonorez pas. Je m'acquitterai, Monsieur : ces dix louis que l'on m'a contraint de jouer quand j'étais loin de les posséder, vous ne les perdrez pas. Je travaillerai jour et nuit, et, s'il le faut, je deviendrai votre esclave ; dictez vos ordres, j'obéirai. Mais cet or qu'une circonstance fatale a fait tomber entre vos mains, cet or sur lequel je n'ai aucun droit, rendez-le-moi, Monsieur, rendez-le-moi, ou dans mon désespoir je serai capable de tout.

ARNAUD, à part.

Capable de tout ! bien, c'est où je l'attendais, et mes efforts n'auront pas été vains. (*Haut.*) Les dettes du jeu sont sacrées, Thierry, et ces Messieurs ne peuvent...

THIERRY.

Et toi aussi, tu me condamnes ! toi qui me montrais l'espérance en me dérobant la vue du danger.

ARNAUD, *montrant M. Dupré.*

Tes clameurs contrarient **M. Dupré**, qui peut vouloir sa revanche.

THIERRY, *à M. Dupré.*

Ne jouez pas, Monsieur, on veut vous assassiner.

ARNAUD, *à Everard.*

Que ses discours ne vous offensent pas, il a perdu la tête. (*à Thierry.*) Je ne te reconnais plus, mon ami.

THIERRY.

Moi, son ami ? et le perfide a comblé tous mes maux!

ARNAUD.

Le festin est terminé, la noce va se rendre ici, et puisqu'il te reste encore quelque chose, suis-nous dans le jardin, nous allons continuer la partie, (*bas à Everard.*) et l'or de Monsieur Dupré finira par nous appartenir.

(*Arnaud, M. Dupré, Everard et Bernetty s'éloignent.*)

SCÈNE IX.

THIERRY , *seul, ensuite* MAD. GERVAIS.

THIERRY.

Ils me quittent, les barbares, lorsqu'ils ne m'ont rien laissé ! Et madame Gervais, comment oser reparaître devant elle ! Dieu ! la voici.

MAD. GERVAIS, *sortant de chez M. Martin.*

Thierry, me serais-je trompé sur votre compte, ou m'aurait-on abusé par un faux rapport ? Vous quittez une fête où l'amitié de deux époux vous avait appelé, vous me parlez à peine, vous fuyez ma présence, vous vous détournez à mon approche, moi, dont vous dites désirer la possession ; ce matin vous me faites le récit de vos peines, je les partage ; tout à l'heure vous m'entretenez d'un avenir plus heureux, je m'en réjouis et vous quitte ; dans quel état vous retrouvai-je ? quels sont ces inconnus dont la compagnie paraît suspecte, et qui, si j'en crois le jeune Vincent, vous entouraient ici ? Votre silence, la pâleur de votre front, les soupirs qui vous échappent, les dés qui sont encore entre vos mains, dévoilent à mes yeux toute l'affreuse vérité; vous avez joué, Thierry, et cette rentrée de fonds que vous m'annonciez, il y a peu d'instans, est-ce au jeu qu'elle doit son origine ? Vous vous taisez, et c'est le fruit de la débauche que vous prétendiez m'offrir !

THIERRY.

N'accablez pas un misérable , indigne de vos bontés. Oui, je voudrais en vain vous en faire un mystère, j'ai joué , mais...

MAD. GERVAIS.

Achevez.

THIERRY.

Le sort loin de m'être favorable.....

MAD. GERVAIS.

Tant mieux`, l'indulgence est pour celui qui perd, le mépris, pour celui qui gagne.

THIERRY.

Dés perfides et cruels, puisse ma main se dessécher si je vous touche jamais. (*Il jette les dés sur la table.*) Mais que vois-je ? juste dieux ? toujours les plus hauts points !..... Tenez, regardez, les cinq, les six, jamais d'autres !..... et je m'étonnais de la rigueur du sort, quand j'étais la dupe d'un horrible complot ! Mais cet infortuné qu'ils ont entraîné avec eux, s'il allait ainsi que moi devenir leur victime ! Volons à sa défense. Madame Gervais, ne m'enlevez pas votre amitié, j'en serai, j'en suis digne encore ! La trace du fripon je vais la suivre, et sauver ceux qui voudraient m'imiter ! J'entends les convives, ils se rendent ici ; ne faites rien paraître, et vous verrez que Thierry, s'il fut coupable, n'a pas renoncé à la vertu. (*Il sort du côté par lequel M.* Dapré *et Arnaud sont sortis.*)

MAD. GERVAIS.

Que veut-il dire ? Et quelle agitation ! Dérobons s'il se peut la mienne aux regards de nos amis.

SCÈNE XII.

MAD. GERVAIS, M. ET MAD. MARTIN, VINCENT, BABET, DARIOLE, TALMOUSE, COCO, CONVIVES, ensuite ARNAUD.

VINCENT, bas à Madame Gervais.

Eh bien, vous l'avez vu ?

MAD. GERVAIS, bas.

Tu t'allarmais à tort, notre ami Thierry se perle à merveille. (*Haut*) Madame Martin, vous permettez que les jeunes gens terminent ce beau jour par leurs danses ? Je vous remercie pour eux. Vincent tu veilleras sur Babet.

ARNAUD, entrant, à part.

La partie est engagée ; pour détourner les soupçons, je reviens

La Boutique mystérieuse.

à la fête. (*haut.*) M. Martin, mon repas vous a satisfait, c'était tout mon désir. (*bas.*) Fortune! enfin tu seras en ma puissance. Vivre obscur est plus que mourir.

BALLET.

MAD. GERVAIS, à part.

Il ne revient pas.

ARNAUD.

Et le cher Thierry, où donc est-il?

MAD. GERVAIS.

Son absence était nécessaire. (*Bas à Vincent.*) Ne t'éloigne pas, Vincent, il faut que je te parle ; il s'agit de M. Thierry.

VINCENT.

Parlez, que faut-il faire?

MAD. GERVAIS.

Tu le sauras.

ARNAUD, à part.

Mes adieux aux époux, rejoindre mes associés, achever la ruine de Dupré ; et ma foi, s'il résiste... Voilà mon rôle. (*Haut à ses garçons.*) Préparez tout pour le départ.

(*Pendant ces divers aparté, les convives ont reconduit M. et Madame Martin ; Arnaud les suit avec ses garçons. Il fait nuit.*)

SCÈNE XIII.

MAD. GERVAIS, VINCENT, BABET.

MAD. GERVAIS.

Vincent, pour obtenir Babet, il faut montrer ton dévouement?

VINCENT.

Il s'agit de M. Thierry, m'avez-vous dit; mon cœur vous répond de mon zèle.

MAD. GERVAIS.

Et je ne serai point ingrate.

(*On entend un cliqueti d'épée, suivi d'un cri plaintif.*)

VINCENT.

On en veut aux jours de quelqu'un,

MAD. GERVAIS.

Dieux ! serait-ce lui que l'on viendrait attaquer ? Babet, suis
moi ; Vincent, appelle et que personne ne puisse sortir.

(*Elle sort avec Babet.*)

VINCENT.

Ces cris, cette frayeur, est-ce donc pour mon père qu'elle paraît
craindre. Ah ! courons... Je respire, le voici.

SCÈNE XIV.

VINCENT, THIERRY.

THIERRY, dans le plus grand trouble.

Ils vant lui arracher la vie ; misérables, que vous a-t'il fait ?
C'est son bien qu'il voulait défendre, et vous l'avez frappez, et
témoin de cette scène d'horreur, ma main désarmée, n'a pu
venger sa mort,

VINCENT.

Mort ? qui donc ? O ciel !

THIERRY.

Qu'elle voix m'interroge ?... et qui m'écoute ici ?... C'est toi,
Vincent ?

VINCENT.

Qui donc va perdre la vie ?

THIERRY.

Dupré.

VINCENT.

Dupré ? le neveu de M. Merlin ?

THIERRY.

Lui-même. Mais les assassins, qu'aujourd'hui seulement, j'ai
vu pour la première fois, ne jouiront pas du prix de leur forfait.
Le voilà, ce portefeuille, qui excitant leur cupidité, les conduisit
au crime. Tombé de leurs mains, pendant le combat, il est maintenant dans les miennes... Les traitres, ils ne l'auront jamais.

(*Il vent le mettre dans son sein.*)

VINCENT.

Que prétendez-vous faire ? ce portefeuille est-il à vous, pour
vous en emparer ? si l'on découvrait qu'il est en votre possession,
la frayeur qui se peint dans vos traits, le tremblement qui vous
saisit, votre absence de la fête, l'impossibilité de nommer les
coupables ; tout ne vous accuserait-il pas ? Fuyez, M. Thierry,
fuyez, je vous en conjure. Le ciel s'est servi de vous pour sauver
la fortune d'une famille, et non pour en être le spoliateur ; il ne

permettra point que des soupçons s'élèvent contre vous, il les détruira, si l'on ose les former. Mon langage vous étonne, c'est celui de l'honneur, et de la franchise. Que ce portefeuille sorte à l'instant de vos mains, c'est au nom de Madame Gervais, qui partage votre tendresse, de votre fils enfin, car vos secrets me sont connus, que je vous supplie de vous rendre à ma prière. Faut-il tomber à vos genoux, pour obtenir cette grâce, m'y voici; mais ne me refusez pas.

THIERRY.

L'honneur, mon fils! ah! que tu connais bien le chemin de mon cœur.

VINCENT.

On vient, éloignez-vous, demain vous me verrez.

THIERRY, à part.

Demain luira-t-il pour moi.

(*Thierry sort par la porte de côté. Vincent la ferme sur lui.*)

VINCENT.

Maintenant l'assassin ne pourra s'échapper.

SCÈNE XIII.

VINCENT, MAD. GERVAIS et BABET, soutenant M. DUPRE, ensuite, M. et MAD. MARTIN, ARNAUD, COCO, DA-RIOLE, TALMOUSE, et les convives avec des flambeaux.

MAD. GERVAIS.

Vincent! Vincent! du secours.

VINCENT.

L'infortuné respire encore!

ARNAUD, sortant de chez M. Martin.

D'où proviennent ces cris. (*à part.*) Monsieur Dupré! les maladroits, ils ont manqué leur coup.

MAD. GERVAIS.

Monsieur Martin, des monstres ont ensanglanté ces lieux. Vous, mes amis, tandis que nos secours chercheront à ranimer la victime, parcourez les jardins, en cherchant à découvrir le meurtrier.

(*Plusieurs convives sortent avec des flambeaux; on place M. Dupré sur un siége.*)

VINCENT, bas à madame Gervais.

Les jours de M. Thierry ne courent aucun danger.

MAD. GERVAIS.

Mon Dieu ! je te rends grâce.

ARNAUD.

Et connait-on l'assassin ?

VINCENT.

Quel qu'il soit, le crime qu'il a commis ne peut lui profiter. C'est la fortune de monsieur Dupré, que ces perfides voulaient ravir ; cette fortune, la providence a permis qu'elle tombe dans mes mains. Monsieur Dupré, le voici votre portefeuille, le voici ; et si j'en crois la terreur que j'éprouve, voilà vos meurtriers.

(*Vincent désigne Everard et Bernetty , qui couverts de leurs manteaux , cherchent à ouvrir la grille.*)

ARNAUD, *à part.*

Imprudens, ils sont perdus.

MAD. GERVAIS.

Ce sont eux, je les reconnais , je les avais vu fuir. Voyez-vous la pâleur de leur visage.

(*Everard et Bernetty sont arrêtés.*)

ARNAUD, à part.

Misérable Vincent , je me vengerai sur toi , et cette nuit pendant ton sommeil...

MAD. GERVAIS.

Vincent, tu ne me quitteras plus , ta conduite est celle d'un galant homme, et ma maison devient la tienne.

ARNAUD.

Les misérables ne pourront s'échapper. (*bas à Everard.*) Silence , et je vous sauverai.

(*Tout le monde se grouppe près de M. Dupré. Everard et Bernetty sont enchaînés.*)

TABLEAU.

FIN DE LA DEUXIÈME PARTIE.

TROISIÈME PARTIE.

Le Théâtre représente l'intérieur de la boutique de Thierry ; elle est entièrement vitrée. Une porte dans le fond donne sur la rue ; une seconde porte, à gauche, communique à l'appartement de Thierry. Des rideaux garnissent les fenêtres.

SCÈNE PREMIÈRE.

VINCENT, DARIOLE, COCO et TALMOUSE, entrent par le fond avec précaution, et vont écouter et regarder à travers la porte de gauche.

VINCENT.

Il n'y est pas, et madame Gervais qui m'avait chargé de lui apprendre qu'elle désirait lui parler ! à l'impossible, nul n'est tenu ; ainsi ne crains aucun reproche. Ah ça, mes amis, vous dites donc que Monsieur Arnaud se montre fort en colère de mon refus de retourner chez lui ? Je ne me suis fait son garçon que par circonstance et pour être voisin de ma chère Babet ; aujourd'hui, je n'ai plus besoin de supercherie pour me trouver auprès d'elle puisqu'hier soir Madame Gervais à la suite de l'assassinat de Monsieur Dupré, heureusement hors de danger, m'a offert d'habiter sa maison, et ma foi, camarades pas si bête que de dire non, comme vous pensez bien ; d'ailleurs, j'ai des idées, des espérances. M. Thierry va épouser Madame Gervais, il aura besoin d'un apprentif, je serai là, et quittant les tourtes et les macarons, je me jeterai dans la pommade, les perruques et les toupets. J'ai toujours eu du goût pour coiffer les amis et frotter les ennemis ; par bonheur l'un n'empêche pas l'autre.

AIR : *Vaudeville du petit marchand.*

Qu' la guerre éclatte et l'on verra,
Si la mort a rien que je craigne ;
A chaque ennemi qui viendra,
Je veux donner un coup de peigne.
A vous voir rasés d' ma façon,
Messieurs, faudra bien vous résoudre ;
Et des braves prenant leçon,
Afin d' vous mettre à la raison,
Le canon s'ra ua boîte mà poudre.

Tenez, tenez, la voisine n'a pas voulu attendre mon retour, et venant elle même s'informer... Les veuves sont pressées, voyez-vous, et nous autres hommes nous savons pourquoi,

SCÈNE II.

LES PRÉCÉDENS, MAD. GERVAIS.

MAD. GERVAIS.

Eh bien, Vincent, ma commission ?

VINCENT.

N'est pas faite, je n'ai pu trouver M. Thierry.

MAD. GERVAIS.

Je l'attendrai. Mais toi Vincent, il faut te rendre sans tarder, chez M. Dupré : le lieutenant général de police s'y trouve, il te demande et veut t'interroger.

VINCENT.

Moi, madame Gervais ?

MAD. GERVAIS.

Tes dépositions peuvent être d'une grande importance ; sans toi le portefeuille était perdu, et les coupables se sauvaient.

VINCENT.

Depuis long-temps ces deux hommes étaient l'objet de ma juste défiance.

MAD. GERVAIS.

Comment ?

VINCENT.

Vous ne savez donc pas ? Chaque jour enfermés avec M. Arnaud....

MAD. GERVAIS.

Avec Arnaud ? qui ? les assassins ?

VINCENT.

Oui.

MAD. GERVAIS.

Impossible.

VINCENT.

Demandez plutôt à mes camarades. (*Ils font un geste affirmatif.*) La mine sombre de ces étrangers, leurs yeux en dessous, leur ton brusque, et certains gestes assez brutals qu'ils répétaient souvent, nous avaient mal disposé pour eux, aussi n'ai-je pas été fâché de trouver l'occasion.....

MAD. GERVAIS.

Et tu croirais qu'Arnaud les connait ? (*à part.*) Je percerai ce mystère ; sans informer Thierry de mes soupçons. (*haut.*) Vincent , ne déguise rien à l'autorité de ce que tu peux savoir, peut-être l'arrestation de ces deux malfaiteurs fera-t-elle connaître enfin, les auteurs des meurtres dont ce quartier fut le théâtre, et tout Paris alors te devra des bénédictions.

VINCENT.

Laissez-moi faire , allez , je n'oublierai rien.

MAD. GERVAIS.

C'est ton devoir.

VINCENT.

Je cours où la justice m'appelle, et reviens promptement en ces lieux. Comme vous, madame Gervais, j'ai besoin de me trouver avec M. Thierry ; comme à vous, il m'est cher, et je voudrais... un bouquet de pensées me sera nécessaire ce matin, puis-je le prendre chez vous ?

MAD. GERVAIS.

Avec plaisir, mon garçon, Babet te le donnera ; mais pars, les momens sont précieux.

VINCENT.

J'obéis. (*à part.*) O mon père ! puissai-je à mon retour le presser dans mes bras. Il est si doux d'embrasser l'auteur de son existence ! Oh ! oui, mon cœur l'éprouve ; la plus belle fortune, pour un fils aimant et respectueux, c'est la tendresse de ses parens. J'imagine un moyen pour me faire reconnaître, et je saurai.... (*haut.*) Allons, camarades, suivez-moi ; sans adieu, ma future tante. (*Il sort avec Dariole, Talmouse et Coco.*)

SCÈNE III.

MAD. GERVAIS.

Il fera le bonheur de ma nièce ! Vincent possède des vertus, de l'honneur, avec ça l'on n'est jamais pauvre..... Mais, Arnaud, qui, s'il est ami de ces misérables, sera évidemment compromis ; et Thierry, qui ne revient pas ! L'infortuné ! je veux encore le voir, le consoler, lui pardonner s'il ne fut qu'égaré, et le fuir pour toujours, si la passion du jeu l'emporte sur moi dans son cœur... Silence ! le voici.

SCÈNE IV.

MAD. GERVAIS, THIERRY, *entrant par le fond.*

THIERRY.

Oui, sans la présence et les discours de ce jeune Vincent, hier, peut être , j'allais devenir criminel !

Mad. GERVAIS, à part.

Comme il est abattu.

THIERRY.

La possession de ce portefeuille, qui renfermait dix fois plus de richesses que je n'en possédai jamais, la certitude que nulle personne au monde ne pouvait le soupçonner entre mes mains !..... Nulle personne ! Ah ! que dis-tu, malheureux Thierry, ta conscience ne le savait-elle pas ?

MAD. GERVAIS.

Thierry, je voudrais vous parler, pouvez-vous, voulez-vous m'entendre ?

THIERRY, à part.

J'en suis donc venu au point de redouter la présence de ceux que j'aime.

MAD. GERVAIS.

Répondez-moi ?

THIERRY.

J'écoute. (*A part.*) Et son argent que je n'ai plus, si elle me le demandait.

MAD. GERVAIS.

Hier, après le pénible aveu que vous m'avez fait, après vous être aperçu qu'au moyen de faux dés, on vous avait enlevé tout l'argent dont vous êtes possesseur, égaré par la perte, et par des motifs qui me sont encore inconnus, vous vous êtes séparé de moi en fuyant vers le jardin ; bientôt des cris se sont fait entendre, un meurtre venait d'être commis, un portefeuille avait été enlevé, les auteurs de ce nouveau crime seraient-ils les fripons dont vous avez à vous plaindre ? Quels sont-ils ? D'où les connaissez-vous ? Jouiez-vous hier pour la première fois ?

THIERRY.

Pour la première fois ! Ah! plût au ciel, que me faisant oublier mes devoirs et ma profession, cette rage de jeu ne fût venue qu'hier embrâser mon âme et suspendre ma raison.

MAD. GERVAIS.

Vous m'effrayez, Thierry ; le jeu serait-il chez vous une funeste habitude ?

THIERRY.

Une habitude ? un besoin ? Non. Mais le désir de réparer mes pertes, la possibilité de vous offrir le partage d'un sort moins pénible, m'ont entraîné malgré moi. Arnaud m'avait assuré que ces joueurs, riches et calculans mal les chances du jeu, lutteraient contre moi avec désavantage, et cédant à ce faux espoir.....

MAD. GERVAIS.

Ainsi, vous comptiez sur leur faiblesse, et c'est vous qu'ils on[t] trompé! si vous n'aviez été certain de votre supériorité et de votre adresse, vous n'auriez pas joué contre eux, et vous vous plaignez de faux dés! Thierry, votre conduite en cette circonstance vous a descendu à leur niveau, et les reproches vous sont défendus. O céleste justice! qui n'admirèrait pas tes souverains arrêts. Se prenant lui-même dans le piége qu'il avait tendu, cet homme perd le peu qui lui reste; les assassins de Dupré sont chargés de chaines, à l'instant où la fuite leur assurait l'impunité, et le portefeuille, objet de leur cupidité, et la cause première de leur crime, retombe entre les mains de son légitime propriétaire.

THIERRY.

Vincent l'a donc rendu? mon Dieu! je t'en rends grâce; mai[s] ce portefeuille, madame Gervais, il fut en mon pouvoir.

MAD. GERVAIS

Que dites-voue!

THIERRY.

M'en s'aisissant au moment où M. Dupré tombait sous le fer des meurtriers, c'est moi qui l'ai dé obé à l'œil de ces misérables, auteurs de mon désastre, et la confiant à le probité du jeune Vincent....

MAD. GERVAIS.

Il serait possible! quoi, c'est vous qui l'en aviez rendu dépositaire? comment, à l'heure même où l'on vous dépouillait, vous avez protégé la fortune des autres? oubliant vos malheurs, vous avez embrassé la défense de votre semblable? Thierry, je suis glorieuse d'avoir touché votre cœur, et cette noble action, vous rend de nouveau mon estime et mon attachement. Emporté par les passions, on peut commettre des fautes; mais se placer entre la victime et le criminel, dire à l'une, espère! à l'autre, tu n'iras pas plus loin! c'est remplir ses devoirs, expier ses torts, et mériter tout à la fois l'indulgence des hommes et le pardon de la divinité.

THIERRY.

Ah! que votre langage est consolant pour mon coeur déchiré?

MAD. GERVAIS.

Le Lieutenant-Général de police, interroge le jeune Vincent; on vous a vu dans la société des assassins; d'injurieux soupçons pourraient s'élever, il importe que Vincent déclare que l'on vous doit la conservation du portefeuille; je vole auprès de lui... Du courage, Thierry, du courage; les quinze louis que je vous ai remis, quelques économies qui me restent encore, et que je destinais à ma nièce, rétabliront vos affaires, et d'ailleurs, quand la conscience est tranquille, on est toujours fortuné. Adieu, mon ami, adieu, vous me reverrez bientôt.

SCÈN V.

THIERRY.

L'argent qu'elle m'a remis ! Ah ! si elle connaissait toute l'étendue de ma faute ? la pâleur de mon front aurait du me trahir ! plus de ressources ! aucune ! le travail même, semble me fuir..... Il est dix heures... et personne encore ne m'a fait appeller... Personne !... qu'ai-je donc fait au destin, pour m'en voir ainsi cruellement traité.

SCÈNE VI.

THIERRY, ARNAUD.

ARNAUD, à part.

Le voici ! Bon. Tout mon argent a diparu ! Remis à ces imbéciles pour tenter la passion des joueurs, et saisi sur Everard, il est perdu pour moi. Thierry maintenant est mon dernier espoir. (*haut.*) Thierry ?

THIERRY.

Qui m'appelle ?

ARNAUD.

Un ami.

THIERRY.

Un ami ! puis-je compter sur un seul. Ciel ! Arnaud !

ARNAUD.

Ma présence t'importune, Thierry, et cependant le malheur nous rassemble ; il ne nous reste rien.

THIERRY.

Rien ? et c'est toi qui l'a voulu !

ARNAUD.

Tu me reproches notre perte ! le jeu m'a-t-il donc été plus favorable qu'à toi ?

THIERRY.

Mais sans les espérances que tu me faisais entrevoir, aurais-je été courir les chances du hasard ? aurais-je perdu plus que je ne possédais, serai-je enfin réduit au désespoir ?

ARNAUD, à part.

Au désespoir ? A merveille, voici l'instant de l'attaquer. (*haut.*) Mon état et le tien ne peuvent suffire à nos dépenses journalières, et le sort nous poursuit sans relâche ! Si d'honnêtes gens que nous sommes, car nous avons encore de la probité, n'est-ce pas, Thierry ?

THIERRY.

Je l'espère !

ARNAUD, à part.

Je la détruirai. (*haut.*) Si d'honnêtes gens, nous allions devenir criminels.

THIERRY.

Quelle horrible idée !

ARNAUD.

Cela peut arriver. Si nous emparant pour vivre du superflu de l'homme riche...

THIERRY.

Qu'oses-tu dire?

ARNAUD, à part.

Nous y voici. (*haut.*) Tiens, supposons un moment que nos principes ne soient pas aussi purs, qu'ils le sont en effet; que la vertu ait pour nous moins de charmes aujourd'hui, qu'elle en avait hier ; que la noblesse des sentimens s'affaiblisse peu à peu dans notre âme aigrie par l'adversité ; qu'en pourrait-il résulter? que sans nous en apercevoir, l'honnête homme, un beau matin, ferait place...

THIERRY.

Achève.

ARNAUD.

Au fripon.

THIERRY.

O ciel !

ARNAUD.

Je prévoyais ton effroi; mais que veux-tu, mon ami, tel est notre sort, il faut se résigner. A ce sujet on m'a raconté une histoire, qui a un singulier rapport avec notre position. Je veux te la dire ; prête-moi, s'il est possible, toute ton attention.

THIERRY.

Parle.

ARNAUD.

Deux amis, qu'on estimait dans la ville, avaient mérité, par leur faute, peut-être, les rigueurs de la fortune. Demeurant dans la même rue, vis-à-vis l'un de l'autre, comme nous absolument, mon cher Thierry, ils se voyaient chaque jour.

THIERRY.

Eh bien ?

ARNAUD.

Le plus jeune exerçait ta profession ; il était coiffeur et barbier.

THIERRY, redoublant d'attention.

Poursuis.

ARNAUD.

Le hasard lui fit découvrir que la cave de son ami communiquait à la sienne par le moyen d'une secrète issue.

THIERRY.

Une porte légère sépare également les nôtres, je m'en suis aperçu.

ARNAUD.

Ainsi que son ami, le coiffeur était dans une profonde indigence ; le malheur rapproche les hommes, dit-on ; ils s'entendirent, et leur infortune cessa d'exister.

THIERRY.

Comment ?

ARNAUD.

Chaque fois qu'une pratique opulente se rendait chez le barbier, pour réclamer le secours de son rasoir, s'il était porteur de bijoux, d'argent..... l'argent, les bijoux et l'homme, disparaissaient pour ne plus revenir.

THIERRY.

Qu'ai-je entendu ?

ARNAUD.

Une trappe placée dans le milieu de la boutique, et qu'un secret faisait mouvoir à volonté, s'ouvrait sous la chaise du trop confiant citoyen, et bientôt précipité dans la cave, il y trouvait l'ami du barbier qui lui enlevait les moyens de se plaindre, et le débarrassait de ses richesses.

THIERRY.

Grand dieu ! quel tissu d'horreurs !

ARNAUD.

Voilà pourtant à quoi la misère et le désespoir peuvent porter les hommes.....

THIERRY.

Des hommes ? non, mais des tigres altérés de sang.

ARNAUD.

Que veue-tu ? le besoin... Thierry, Thierry, regarde, une trappe existe également ici (*il la lève*) ; elle donne dans ta cave : nos maisons sont voisines, je suis ton ami...

THIERRY.

Mon ami ! je craignais de te comprendre, et, maintenant que je t'ai entendu, tout mon corps frémit d'épouvante et d'indignation. Tes infernales manœuvres se déroulent à mes regards effrayés, et je suis à demi-coupable puisque j'ai pu jusqu'à la fin prêter l'oreille à tes odieux discours. Ne cherche plus à feindre devant moi, la vérité m'est dévoilée ; elle m'apparaît terrible, et je recule en pâlissant. Cette histoire que ta bouche infâme a osé me faire entendre, c'est la tienne ; l'exécrable complice de tes forfaits, c'était l'homme dont j'occupe aujourdhui la demeure, et les victimes de tant de scélératesse, les habitans de ce malheureux quartier ! Si tu as entretenu dans mon sein cette horrible passion du jeu, c'était pour me forcer à commettre un jour des crimes qui révoltent la nature, effraient la pensée et me ravissent l'exercice de ma raison. Toute ton adresse ne pourra détruire mes soupçons, et le sourire féroce que je vois errer sur tes lèvres semble dire à mes esprits éperdus : Thierry, tu ne t'es point trompé !

ARNAUD.

Je m'atendais à ces transports ; mais les besoins se feront sentir, ils seront plus éloquens que moi ; c'est d'eux que j'attends le succès.

THIERRY.

Et le traître espère encore ! il ose le dire, il veut me rendre aussi criminel que lui.

ARNAUD.

Oui, tu le deviendras.

THIERRY.

Quel intérêt te porte à me précipiter dans l'abîme ?

ARNAUD.

Quel intérêt ? celui de m'enrichir, de te rendre semblable à moi.

THIERRY.

Misérable ! La présence d'un honnête homme est le supplice du méchant, il voulait s'en délivrer.

ARNAUD.

Maître de mes secrets je ne puis redouter l'indiscrétion de tes rapports. Dénué de preuves, tes dénonciations seraient traitées de calomnieuses, et comme telles je les ferais punir. Pèse mes paroles, pense à notre dénûment total, réfléchis à cette trappe qui couvre pour nous le chemin de la fortune, et souviens-toi que toujours je répondrai a ton appel. (à part.) Mes discours porteront leur fruit, et tôt ou tard Thierry sera mon esclave. Occupons-nous maintenant d'Everard et de Bernetty.   (Il sort.)

SCÈNE VII.

THIERRY et ensuite VINCENT.

Et je m'étais avili à ce point, que ce monstre n'a pas craint de m'apprendre ses projets, et de m'associer à leur exécution ; et je mériterais ce degré d'opprobre, moi, dont le cœur a toujours palpité au seul mot de vertu. Jeu, débauche, liaisons dangrecuses, cessez de m'offrir vos attraits, tout commerce entre nous est détruit sans retour. Mon fils, créature innocente dont mon affreuse misère a nécessité l'abandon, je te retrouverai, je te baignerai de mes larmes, et s'il n'a pas de fortune à te présenter, du moins ton père ne te donnera pas un nom flétri par l'infamie et le déshonneur. (*Il s'assied absorbé dans la douleur.*)

VINCENT, tenant un sac.

Air : *Nos beaux jours.*

J'ai de l'or,
Un trésor,
Vive la richesse !
Savoir la placer,
Vaut mieux que l'entasser.
Pour aimer,
Enflammer,
Dieu fit la jeunesse.
Le vin pour couler,
Et l'argent pour rouler.

Si près d'un tendron, l'amour me transporte,
Et si la froideur me laisse à la porte ;
J' dirai sans façon, belle, pas de mic mac,
Vous m' fermez vot' cœur, quand le mien fait tic tac ;
Mais je puis l'ouvrir, j'ai la clef dans mon sac.

C'est de l'or,
Un trésor, etc.

Dans ce siècle ingrat, que pourtant on cite,
C'est par les amis qu'on a du mérite ;
Partout, et pour rien, ils viennent vous prôner.
Les talens, l'esprit qu'ils pourraient me donner,
Je veux les avoir, mais en faisant sonner

Tout cet or,
Ce trésor,
Qu'on mit dans ma bourse,
Et je lui devrai
Les succès que j'aurai.
Des plaisirs,
Des désirs,
Il sera la source ;
Et tout m'est promis
Avec ces bons amis.

(*Il fait sonner le sac d'écus.*)

THIERRY, à part.

Exempt de remords, il est heureux. Ah ! que ne donnerai-je pas pour lui pouvoir ressembler.

VINCENT.

Cause de mon bonheur, prenez part à ma joie, M. Thierry ;

cette fortune qu'on vient de me donner, c'est pourtant à vous que je la dois, et je vous en remercie.

THIERRY.

Tu me devrais ta fortune, mon ami? explique toi?

VINCENT.

Appelé chez M· Dupré, par le Lieutenant général de police, j'ai dit ce qui c'était passé entre nous : qu'ayant arraché le porte-feuille aux brigands qui s'en étaient emparés ; vous me l'aviez remis pour le rendre à son propriétaire ; j'ai dit que chacun vous regardait comme le plus honnête homme, que l'estime publique vous était acquise, que je vous aimais! ah! de toute mon âme ; tant il y a qu'on pourra bien vous interroger aussi.

THIERRY.

M'interroger? moi, Vincent ; et pourquoi?

VINCENT.

Ces Messieurs vous le diront. Ensuite, comme j'avais procuré l'arrestation des meurtriers ; vous savez bien, les amis de M. Arnaud.

THIERRY, à part.

En effet, ils étaient bien dignes de lui.

VINCENT.

M. Dupré m'a pris la main, et après plus d'un remerciment, il m'a donné tout cet or ; c'est joli, n'est-ce pas, surtout quand on n'a fait que son devoir.

THIERRY, à part.

Son devoir, et quand on ne le remplit pas?

VINCENT.

Il y a dit-on dix mille livres. C'est pour mon père! dés aujour-d'hui je vais l'embrasser ; il m'aimera, Monsieur Thierry, n'est-il pas vrai. Ah! dites-moi qu'il m'aimera.

THIERRY, à part.

Ce sac rempli d'or me fait éprouver un trouble!

VINCENT.

Pauvre père, il n'est pas heureux ; mais je saurai le rendre à la félicité. Il ne m'a point vu depuis le jour de ma naissance.

THIERRY.

Que je le plains!

VINCENT.

Je veux par ma tendresse lui faire oublier tous les maux qu'il qu'il a souffert.

THIERRY, à part.

Je suis père aussi, et mon fils pourrait-il adoucir mes tour-mens?

VINCENT.

Bien qu'un léger duvet ne fasse que paraître sous mon men-
ton, il faut me rajeunir pour embrasser mon père. Allons,
M. Thierry, à l'ouvrage, je vous paierai bien. (*A part.*) La pensée qu'il plaça sur mon cou frappera ses regards.

THIERRY, à part, repassant un rasoir.

Arnaud, Arnaud, si j'en croyais tes horribles conseils.....
Qu'ai-je dit, grands dieux !.....Mes genoux tremblans se dé-
robent sous moi. (*Il s'appuie sur la table.*)

VINCENT.

Mon père aime beaucoup les pensées ; d'une main, je lui pré-
senterai ce bouquet.

THIERRY, à part.

Des pensées !

VINCENT.

Et de l'autre mon sac. Je le verserai sur la table. (*Il jette sur la
table les pièces d'or.*) Voyez, quel beau spectacle !

THIERRY.

Tout se réunit-il pour troubler ma raison ? pensées coupables,
idée du crime, fuyez à jamais de mon cœur. Envain la misère
m'accable, envain ce monstre que je nommai mon ami ; voudrait
attaquer ma vertu ; non, détestable Arnaud, non, je ne succom-
berai pas.

(*Il prend le rasoir et le brise.*)

VINCENT, s'asseyant sur la trappe.

Allons, ma cravatte est défaite, rasez-moi ; mais surtout prenez
garde à la pensée que je porte sur le cou.

THIERRY, sans regarder.

Que dit-il ?

VINCENT.

J'y tiens, c'est un don de mon père.

THIERRY, de même.

De son père !

VINCENT.

Il y a dix-huit ans que je le porte.

THIERRY, de même.

Dix-huit ans !

VINCENT.

Il le reconnaîtra ; c'est lui qui me le fit.

THIERRY, de même.

Quel soupçon !

VINCENT.

M. Thierry, ne voulez-vous pas me regarder ?

THIERRY, *se retournant.*

C'et ! il est à l'endroit fatal... Malheureux, quitte ce séjour funeste ! fuis, fuis, te dis-je ; la mort est sous tes pas.

VINCENT, *reculant avec surprise.*

Que dites-vous, mon père ?

THIERRY.

Son père !

VINCENT.

Elevé dans une hospice...

THIERRY.

O ciel !

VINCENT.

Votre cœur ne vous dit-il rien pour moi ?

THIERRY, *dans le plus grand trouble.*

Ce langage, ces traits, cette pensée...

VINCENT, *se jettant aux pieds de Thierry.*

Mon père !

THIERRY.

C'est mon fils !... (*à part, en regardant le rasoir qu'il a brisé.*) O providence ! sans toi, que serais-je devenu ?

(*Il presse Vincent dans ses bras.*)

VINCENT.

Cher auteur de mes jours.

THIERRY.

Et je te retrouve dans le chemin de la vertu ! mon Dieu ! ma voix suppliante a donc trouvé grâce devant vous... Quel est ce bruit ?

(*La rue se remplit de monde ; des archers forcent la porte de la maison d'Arnaud, qu'on aperçoit à travers les vitres.*)

SCÈNE VIII.

Les Précédens, Mad. GERVAIS, *entrant précipitamment.*

MAD. GERVAIS.

Thierry, les affreux mystères qui ont épouvanté ce quartier sont enfin dévoilés. Everard et Bernetty ont parlé, ils accusent Arnaud ; les preuves sont évidentes, on va l'arrêter.

THIERRY.

Que m'importe ce misérable, quand j'ai retrouvé mon fils !

MAD. GERVAIS.

Vincent ? votre fils.

VINCENT.

Oui madame , c'est M. Thierry qui vous demandera Babet.

SCÈNE IX.

La trappe s'ouvre, ARNAUD, poursuivi s'en élance. DARIOLE . TALMOUSE, COCO , BABET, et le peuple, paraissent dans la rue.

ARNAUD.

Ne rejettez pas mes prières , dérobez-moi à la rage du peuple. On en veut à mes jours , on me cherche ; s'il en est temps encore, ah ! sauvez-moi, sauvez-moi.

THIERRY.

Te sauver , monstre !

MAD. GERVAIS.

Pas de pitié pour le criminel. (*Elle ouvre la porte , la foule se précipite.*) Peuple, voilà l'assassin.

(*Les archers qui poursuivaient Arnaud, sortent de la trappe; Arnaud veut fuir , le peuple lui barre le chemin ; il est arrêté.*)

ARNAUD , avec désespoir.

L'échaffaud sera donc le prix de tous mes crimes!

MAD. GERVAIS , montrant Thierry , qui est tombé privé de sentiment dans les bras de Vincent et de Babet.

Et notre amour, celui de son repentir.

TABLEAU GÉNÉRAL.

FIN.

9 782329 577135